T 56
363

ALLOCUTION

AUX HABITANTS DE CAPESTANG,

PAR LEUR CURÉ,

A l'occasion du Baptême du Prince Impérial.

ALLOCUTION

AUX HABITANTS DE CAPESTANG,

PAR LEUR CURÉ,

A l'occasion du Baptême du Prince Impérial.

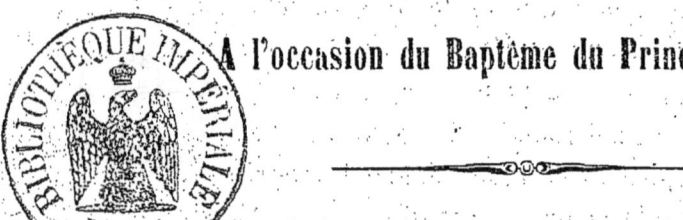

Messieurs,

A cet instant solennel, sur le seuil de presque tous les temples catholiques de l'Empire Français, ces mémorables paroles : que sollicitez-vous de l'Église de Dieu ; *quid petis ab Ecclesiâ Dei ?* (Rituel rom.) sont adressées et au fils de l'Empereur, et aux centaines, aux milliers de fils et de filles, nés d'un légitime mariage, le même jour que le nouvel *Enfant de France*.

Et tous, l'héritier de l'Empire, par l'organe du souverain pouvoir religieux, les héritiers de toutes les autres conditions, par les organes du souverain pouvoir politique, répondent uniformément : nous venons solliciter la foi, *fidem* (Rituel rom.) nous venons nous soumettre à l'autorité suprême de Dieu, nous proposant des mystères, non afin que nous les comprenions, mais afin que nous les croyions avec toute l'humilité qui est due à l'Être infini, qui ne peut ni tromper, ni être trompé. Nous demandons une règle pour notre entendement, des principes pour notre raison, une sanction pour notre conscience, un fondement pour notre morale, un motif pour nos devoirs, un mérite pour nos œuvres, et une récompense pour notre fidélité.

Partout, à cette première réponse, le Pasteur officiant, reprend : qu'effectue, que réalise pour vous la foi que vous sollicitez : *fides quid tibi præstat ?* (Rituel rom.)

Les *augustes cautions* de nos tendres catéchumènes répondent avec la même uniformité : la foi que nous sollicitons réalise, effectue pour nous la vie éternelle : *vitam æternam*; (Rituel rom.) le bonheur en Dieu, qui n'est point arbitraire et bizarre comme le caprice, ni inconsistant comme la vogue, ni fugitif comme le plaisir; et l'unité surnaturelle, qui nous relie tous en une seule famille pour la relier ensuite par un seul médiateur à un seul Dieu.

Sur cette affirmation du Saint-Père parlant par son légat pour le Prince impérial, et de l'Empereur et de l'Impératrice, parlant par leurs procurateurs pour leurs nombreux filleuls, le Pasteur officiant leur intime à tous, que la condition essentielle pour parvenir à la gloire et à la félicité qu'ils sollicitent, c'est l'exacte observation des préceptes : vous aimerez le Seigneur votre Dieu de tout votre cœur, de toute votre âme, de tout votre esprit, et votre prochain comme vous-même. *Si igitur vis ad vitam ingredi, serva mandata; diliges*

Dominum Deum tuum ex totâ corde tuo, et ex totâ animâ tuâ, et ex totâ mente tuâ, et proximum tuum sicut teipsum. (Rituel rom.)

Ainsi le catholicisme, en établissant au-dessus de la raison de chaque homme qui franchit le seuil de ses temples, une raison plus haute, la raison de Dieu même, perpétuellement manifestée dans l'enseignement de l'Église, les assujettit tous sans exception à une loi immuable de croyances, dont l'un des principaux effets est de produire entre eux l'union la plus intime qu'il soit possible de se représenter ; car ils ont, et savent qu'ils ont dans l'esprit les mêmes pensées, dans le cœur le même amour, dans la conscience les mêmes devoirs ; unité merveilleuse, hors de laquelle on ne peut concevoir de véritables liens entre les hommes, et qui est la société même.

Après une série de prières, d'insufflations, d'impositions de mains, de signes de croix et d'autres cérémonies, faites au nom et à l'imitation de Jésus-Christ, qui, même pour autoriser sa mission divine par des merveilles, ne dérogea jamais aux lois de la nature que pour faire du bien aux hommes, le Pasteur officiant de chaque église introduit dans le temple de Dieu ceux qui sont encore solidaires de la grande faute originelle, pour qu'ils aient désormais part aux mérites réversibles de celui en qui tout doit être restauré dans le ciel et sur la terre. (Col. ch. 1, v. 20 et Eph. ch. 1, v. 10.) *Ingredire in templum Dei, ut habeas partem cum Christo in vitam œternam.* (Rituel rom.)

A peine a-t-on fait les premiers pas vers les fonts sacrés, que le Pasteur officiant, conjointement avec les parrains et les marraines, quelque illustres qu'ils puissent être, récitent à haute et intelligible voix le *Symbole des Apôtres* et l'*Oraison Dominicale*.... (Rituel rom.) Mais en ces temps où les Souverains sont trop souvent réduits à faire de l'ordre avec des révolutionnaires, de la monarchie avec des républicains, de la religion avec des athées, du christianisme avec des juifs, du catholicisme avec des protestants, pouvons-nous espérer que Leurs Majestés, assez heureuses pour avoir obtenu auprès de leur Auguste Fils le représentant du Vicaire de Jésus-Christ, obtiendront d'être représentés partout auprès de leurs innombrables filleuls par de dignes procurateurs, par des procuratrices pris en dehors des soi-disant catholiques, orthodoxes de nom et dissidents dans les œuvres, catholiques par le hasard de la naissance et infidèles par le choix libre de leur propre volonté, qui n'ont jamais su ou qui ont entièrement mis en oubli leur *Symbole des Apôtres* et leur *Oraison Dominicale*?...

A la suite de nouveaux exorcismes et de nouvelles cérémonies qui rappellent les admirables guérisons opérées par le divin Sauveur, le Pasteur officiant interroge nominativement chaque aspirant aux grâces baptismales, en disant: Renoncez-vous à Satan: *abrenuntias Satanœ?* (Rituel rom.) Dans cette circonstance, tout parrain, tout procurateur de parrain, se rendant garant d'un enfant encore muet, reconnaît inévitablement qu'en répondant pour lui: Je renonce à Satan: *abrenuntio*: (Rituel rom.) il prononce renoncement à ce même Satan qui provoqua dans le monde la première *révolution*: celle qui a été la source et le type de toutes les autres: en disant traîtreusement aux premiers hommes: vous serez des Dieux: *eritis sicut Dei.* (Genèse chap. 3, ỹ. 5.) et renoncement à ce même Satan qui, tous les jours, provoque dans l'univers entier la dernière révolution : celle qui tient l'ordre social en échec et le monde suspendu sur un abîme, en disant encore traîtreusement aux peuples : *vous serez des rois.*

Pénétré de la doctrine si vraie et si profonde de l'humilité chrétienne, le Pasteur officiant insiste et demande : renoncez-vous à toutes les œuvres de Satan : *et omnibus operibus ejus ?* (Rituel rom.)

La *révolution* étant manifestement le sommaire des œuvres de Satan, le second renoncement : *abrenuntio* : (Rituel rom.) sera inévitablement prononcé contre la révolution. Celle-ci ferait-elle encore des dupes ? Écoutez son langage impie : « Je ne suis pas, dit-elle, ce que l'on
« croit ; beaucoup parlent de moi et bien peu me con-
« naissent. Je ne suis ni le carbonarisme qui conspire
« dans l'ombre, ni l'émeute qui gronde dans la rue, ni
« le changement de la monarchie en république, ni la
« substitution d'une dynastie à une autre, ni le trouble
« momentané de l'ordre public. Je ne suis ni les fureurs
« de la montagne, ni les hurlements des Jacobins, ni le
« combat des barricades, ni le pillage, ni l'incendie,
« ni la loi agraire, ni la guillotine, ni les noyades. Je
« ne suis ni Marat, ni Robespierre, ni Babeuf, ni
« Mazzini, ni Kossuth. Ces hommes sont mes fils, ils
« ne sont pas moi ; ces choses sont mes œuvres, elles
« ne sont pas moi. Ces hommes et ces choses sont des
« faits passagers, et moi je suis un état permanent.

« Je suis la haine de tout ordre religieux et social que
« l'homme n'a pas établi, et dans lequel il n'est pas Roi
« et Dieu tout ensemble ; je suis la proclamation des
« droits de l'homme contre les droits de Dieu ; je suis
« la philosophie de la révolte, la politique de la révolte,

« la religion de la révolte ; *je suis la négation armée* ;
« je suis la fondation de l'état religieux et social sur la
« volonté de l'homme au lieu de la volonté de Dieu ; en
« un mot, *je suis l'anarchie*, car je suis Dieu détrôné
« et l'homme mis à sa place. Voilà pourquoi je m'appelle
« *révolution*, c'est-à-dire *renversement*, parce que je
« mets en haut ce qui, selon les lois éternelles, doit
« être en bas, et en bas ce qui doit être en haut. »

Ce n'est pas seulement contre les excès de l'orgueil que le Pasteur officiant doit prémunir les aspirants à la robe et à l'innocence baptismales, il faut encore qu'il les précautionne contre les écueils de la vanité, et contre les déplorables suites de la dissipation de l'âme et des sens. De là cette troisième instance qu'il fait au nom de l'Église : Renoncez-vous à toutes les pompes de Satan : *et omnibus pompis ejus?* (Rit. rom.)

Ici les *répondants* sont trop élevés et trop providentiels, pour que leur parole, leur promesse ne commande pas le respect et la confiance. Mais ailleurs, qui prononce à bon escient le troisième renoncement ; *abrenuntio?* (Rit. rom.) Ce n'est pas la *légèreté de l'âge* qui exclut la maturité, l'expérience, la sagesse au même titre que la réflexion, le recueillement, et tout esprit de prière.... Ce n'est pas la *légèreté de l'esprit* qui exclut la force, la solidité, la constance, au même titre que la profondeur, la portée du jugement et le discernement des esprits.... Ce n'est pas la *légèreté du caractère* qui exclut la prudence, la circonspection, la prévoyance, au même titre que la réserve, la retenue et la délicatesse.

Cependant le Pasteur officiant avance toujours vers les fonts, et après avoir opéré de nouvelles onctions pleines d'intéressants mystères, il reprend son pressant interrogatoire : Croyez-vous en Dieu le Père tout puissant, créateur du ciel et de la terre : *Credis in Deum patrem omnipotentem, creatorem cœli et terræ ?* (Rit. rom.)

Il ne s'agit plus d'une simple récitation du symbole. Les cautions des enfants qui vont être régénérés doivent fournir l'assurance que leurs filleuls se porteront de tout leur cœur, de toute leur affection aussi bien que de tout leur entendement, vers Dieu, Père, Fils et Saint-Esprit. Ainsi chacune dira de toute son âme : *credo*, je crois !... (Rit. rom.)

Croyez-vous en Jésus-Christ, Fils unique du Père, Notre Seigneur, qui est né et qui a souffert : *credis in Jesum Christum, Filium ejus unicum, Dominum nostrum, natum et passum ?* (Rit. rom.)

Il n'est plus permis d'avoir peur de la vérité. La *Trinité* nous représente la Divinité multipliant ses personnes, et de tout son être, versant continuellement sur nous d'inconcevables bienfaits. L'*Incarnation* nous montre la dignité de notre nature, et nous apprend le prix de notre âme. Elle nous donne un Dieu pour législateur, un Homme-Dieu pour modèle ; et réunissant à l'autorité infinie du maître qu'elle nous donne, la sublime perfection de ses exemples, elle nous élève à la plus haute sainteté, ôte tout prétexte à la désobéissance, enlève toute excuse à l'inobservation. Le mystère de la *Rédemption* est le centre où viennent aboutir toutes les parties de la religion. Du haut de la croix, Jésus-Christ embrasse tous les temps et les rapproche, il réunit tous les oracles des Prophètes, et la prédication des Apôtres, les vœux des Patriarches et les actions de grâces de nos Saints, les cérémonies de la Synagogue et les sacrements de l'Église, les antiques holocaustes et le sacrifice de nos autels. Sur la croix viennent se manifester tous les attributs divins. La sainteté offensée y trouve une réparation proportionnée ; la justice suprême y reçoit une satisfaction suffisante ; la miséricorde infinie y épuise ses trésors, et la sagesse éternelle concilie tous les grands intérêts par d'ineffables moyens que déploie la Toute-Puissance... C'est donc avec une inébranlable fermeté que tout parrain répétera pour lui-même et pour son filleul : *credo*, je crois !... (Rit. rom.)

Croyez-vous au Saint-Esprit, la Sainte Église catholique, la communion des Saints, la rémission des péchés, la résurrection de la chair, la vie éternelle : *credis in Spiritum Sanctum, Sanctam Ecclesiam Catholicam, Sanctorum communionem, remissionem peccatorum, carnis resurrectionem, vitam æternam?* (Rit. rom.)

Rien d'essentiel pour fonder les plus magnifiques espérances n'est omis. Ainsi le catholicisme ne se dément jamais ; il règle l'homme tout entier, éclaire ses pensées, ordonne ses affections, dirige ses actions, lui enseigne la vérité, lui commande la vertu, lui conseille la perfection, et pose pour son esprit et pour ses sens, non des obstacles qui enchaînent leur activité, mais des limites qui dirigent leur essor. Il promet des récompenses à l'homme fidèle, il menace l'infracteur de châtiments ; peines et récompenses éternelles comme le Dieu vengeur et rémunérateur, infinies comme la beauté de la vertu ou la difformité du vice... C'est donc avec enthousiasme que, de tous les points de la France, les parrains vont élever vers le ciel un acte de foi, qui attirera toute sorte de bénédictions sur leurs heureux filleuls. Oui je crois, *credo* !... (Rit. rom.)

Le Pasteur officiant arrive enfin à la question décisive, à la question suprême : votre intention, votre dessein, votre volonté, sont-ils de recevoir le baptême ? voulez-vous être baptisé du baptême qui vous revêtira de Jésus-Christ, (Galat. ch. 3, ỳ. 27) et vous élèvera à sa royauté et à son sacerdoce. (1re épître St-Pierre, ch. 2, ỳ. 5 et 9.) Voulez-vous renaître d'en haut, commencer une vie nouvelle et toute céleste ? (St-Jean, ch. 3, ỳ. 3.) Voulez-vous être purifié de la tache originelle, et sanctifié par l'infusion du Saint-Esprit dans votre cœur ? (St-Mathieu, ch. 3, ỳ. 2.) En un mot, voulez-vous être régénéré par la grâce de justification, (Tit., ch. 3, ỳ. 5 et 7), de cette justification qui consiste dans la grâce sanctifiante qui vous purifiera et vous rendra agréable à Dieu ; dans la justice de Dieu, qui vous justifiera lui-même par les mérites de Jésus-Christ ; dans la charité, qui effacera vos péchés et vous établira dans l'amitié de Dieu ; dans la communication du Saint-Esprit, qui demeurera en vous, et vous fera demeurer en lui, en union avec le Père et le Fils ; dans la sainteté, qui, en vous régénérant, en vous renouvelant intérieurement vous rendra héritier du royaume des cieux ?... (Concile de Trente, Ss. 6.) *Vis baptisari ?...* (Rit. rom.)

Au langage de Jésus-Christ, (St-Jean, ch. 3, ỳ. 3 et 6.) la régénération spirituelle doit avoir de l'analogie avec la naissance charnelle, de même donc que les enfants qui sont dans le sein de leur mère ne se nourrissent pas par eux-mêmes, mais sont sustentés par la nourriture de la mère ; ainsi nos enfants à baptiser qui n'ont pas encore l'usage de la raison, étant en quelque sorte dans le sein de l'Église, leur mère, ne recevront pas le salut par eux-mêmes, mais par l'action de l'Église militante. C'est par l'opération du Saint-Esprit, qui unit l'Église et qui communique les biens des uns aux autres, que la foi des parrains, et même de toute l'Église, servira efficacement à nos petits enfants. De même donc qu'ils viennent de renoncer à Satan, à ses œuvres et à ses pompes, par l'organe de leurs parrains et marraines ; qu'ils viennent de croire par le cœur et de professer la foi par la bouche de leurs parrains et de leurs marraines ; ils vont pareillement manifester l'intention positive, raisonnée, d'être baptisés, par l'acte formel de la volonté de ceux qui les présentent au baptême. (St-Thom. 3e part., quest. 68, art. 9.) C'est donc par un éclatant concert de volontés éclairées, réfléchies, que le Prince impérial, et tous les enfants légitimes, nés en France le même jour que le Prince impérial, déclarent devant Dieu et devant l'Église qu'ils veulent être baptisés. *Volo !...* (Rit. rom.)

Ce dernier mot est-il entendu, le Pasteur officiant prononce les paroles sacramentelles à mesure qu'il verse l'eau baptismale sur la tête de celui qu'il régénère, et l'œuvre est consommée...

L'onction du Saint Chrême que reçoit immédiatement chaque nouveau baptisé, me rappelle ces remarquables paroles de l'Évêque de Perpignan, l'une des gloires de l'épiscopat français : « Le Fils de l'Empereur, disait-il, « aura pour parrain le Saint Père ; il y a eu dans le « souhait de l'Empereur à ce sujet, un grand acte de « foi, un grand exemple ; il y aura dans l'accomplisse- « ment de ce vœu un grand présage. Heureux enfant ! « Celui qui reçoit les promesses de toute l'Église, fera « des promesses pour vous à l'Église. Vous serez intro- « duit, en son nom, dans le temple de Dieu ; le Saint- « Chrême avec lequel on tracera sur votre tête le signe

« de la croix, que les Monarques chrétiens portent sur
« leurs diadèmes, aura été béni par la main qui bénit
« les couronnes; c'est de lui que vous recevrez le ban-
« deau qui ceindra votre jeune front; et il y aura quelque
« chose d'un Sacre Impérial dans votre baptême. »

On ne saurait voir le même présage dans la con-
sécration indélébile de chaque nouveau baptisé, toutefois
en ce jour solennel, il est permis à chaque père et à
chaque mère qui auront contracté alliance spirituelle
avec l'Empereur et avec l'Impératrice, d'augurer pour
leur fils ou pour leur fille, l'avenir le plus flatteur qu'on
puisse attendre de la munificence d'un Souverain qui
use de la plus haute puissance, comme en usa Cyrus,
qui rendit à Israël, captif à Babylone, la liberté de
rebâtir son temple et de relever ses autels à Jérusalem;
comme en usa Auguste, qui procura cette paix générale
pendant laquelle la naissance du Christ vérifia les oracles
les plus éclatants et combla l'espérance des nations;
comme en usa Constantin, qui se servit du premier
sceptre chrétien pour que l'Église, après trois siècles de
persécutions, pût enfin sortir des catacombes, et res-
pirer le grand jour; comme en usa Clovis, le vainqueur
de Tolbiac, qui commença en sa personne la suite des
fils aînés de l'église, chargés de la belle mission de
défendre leur mère, et avec elle la cause de la civilisation;
comme en usèrent Pépin et Charlemagne, qui secouru-
rent si vaillamment le Saint Siége opprimé, et complé-
tèrent ce grand œuvre en constituant définitivement la
souveraineté temporelle du Chef de l'Église, et en assu-
rant son indépendance nécessaire....

Notre mission n'est point de suggérer des prétentions;
mais nous nous sentons insuffisant pour faire ressortir

tous les titres de la *compaternité*.... Le père et la mère de l'heureux filleul qui va grandir parmi nous , sous le plus glorieux et le plus puissant patronage, auraient-ils jamais osé penser qu'ils pourraient un jour devenir les alliés de l'Empereur et de l'Impératrice des Français?... Le procurateur et la procuratrice de Leurs Majestés, pour présenter au Saint Baptême un de nos plus jeunes concitoyens, auraient-ils jamais soupçonné qu'ils pourraient un jour remplir des fonctions encore plus relevées que celles d'*ambassadeur extraordinaire* ?... Il n'appartient qu'à la religion catholique d'opérer de si subits et de si merveilleux rapprochements.... Bénissons-en à jamais le Seigneur.... et vouons une immortelle reconnaissance à Napoléon III, à son Auguste Epouse l'Impératrice Eugénie, et à ceux qui les représentent si honorablement au milieu de nous.

BÉZIERS, IMPRIMERIE DE THÉODORE FUZIER.

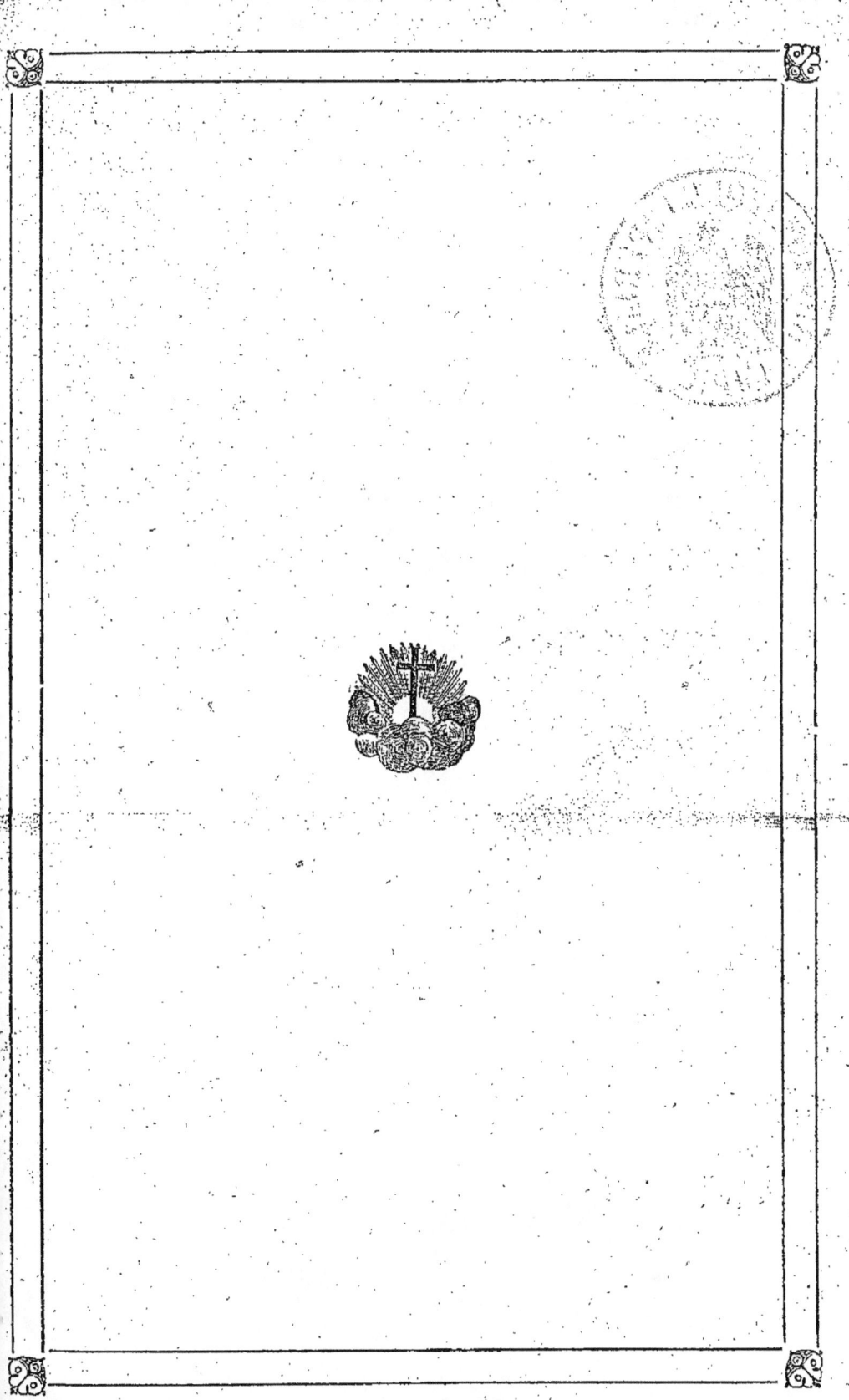

www.ingramcontent.com/pod-product-compliance
Lightning Source LLC
Chambersburg PA
CBHW061959070426
42450CB00009BB/2264